Símbolos de libertad

El Cementerio Nacional de Arlington

Ted y Lola Schaefer

Heinemann Library
Chicago, Illinois

© 2006 Heinemann Library
a division of Reed Elsevier Inc.
Chicago, Illinois

Customer Service 888-454-2279

Visit our website at www.heinemannlibrary.com

Designed by Richard Parker and Mike Hogg Design
Illustrations by Jeff Edwards
Translation into Spanish produced by DoubleO Publishing Services
Originated by Chroma Graphics (Overseas) Pte Ltd.
Printed and bound in China by South China Printing Company

10 09 08 07 06
10 9 8 7 6 5 4 3 2 1

Library of Congress Cataloging-in-Publication Data
Schaefer, Ted, 1948- [Arlington National Cemetery. Spanish]
  El Cementerio Nacional de   Arlington / Ted y lola Schaefer.
     p. cm. -- (Símbolos de libertad)
  Includes bibliographical references and index.
  ISBN 1-4034-6686-6 (hb--library binding) -- ISBN 1-4034-6690-4 (pb)
  1. Arlington National Cemetery (Arlington, Va.)--Juvenile literature. 2. Arlington (Va.)--Buildings, structures, etc.--Juvenile literature.   I. Schaefer, Lola M., 1950- II. Title. III. Series.
  F234.A7S3318 2006
  975.5'295--dc22
                              2005026888

Acknowledgments
The publishers would like to thank the following for permission to reproduce photographs:
Alamy p. 6 (Joe Sohm); Corbis p. 8; Empics/PA p. 27; Getty Images pp. 14–15 (Mark Wilson), 25 (Tim Sloan/AFP); Jill Birschbach/Harcourt Education Ltd pp. 4, 5, 7, 11, 12, 13, 16, 17, 18, 19, 20, 21, 22, 24, 25, 26, 27, 28, 29; Peter Newark's Americana Pictures pp. 9–10.

Cover photograph of Arlington National Cemetery reproduced with permission of Jill Birschbach/Harcourt Education Ltd.

In recognition of the National Park Service Rangers who are always present at the memorials, offering general information and interpretive tours. We thank you!

Algunas palabras aparecen en negrita, **como éstas.**
Puedes averiguar lo que significan en el glosario.

Contenido

El Cementerio Nacional de Arlington

El Cementerio Nacional de Arlington está al cruzar el río Potomac desde Washington, D.C. Grandes árboles dan sombra a las tumbas sobre las colinas verdes. Es un lugar tranquilo.

4

Arlington es el cementerio más famoso de
EE. UU. Honra a mujeres y hombres que
sirvieron a su país. Más de 290,000 personas
están enterradas aquí.

Hombres y mujeres valientes

La mayoría de las tumbas en el Cementerio Nacional de Arlington es para **veteranos**. Son los hombres y las mujeres que sirvieron en el **ejército** de EE. UU. Algunas tienen a sus familiares enterrados cerca de ellas.

También hay varias personas famosas enterradas
en Arlington. Ésta es la tumba de Pierre L'Enfant.
Desde su **monumento** se ve la ciudad que diseñó:
Washington, D.C.

Arlington House

Entre 1831 y 1861, el general Robert E. Lee y su esposa tuvieron una casa llamada Arlington House. Estaba sobre el terreno donde ahora se encuentra el Cementerio Nacional de Arlington.

Cuando comenzó la **Guerra Civil**, el general Lee se unió al ejército **Confederado**. Él y su esposa se trasladaron a Richmond, Virginia. Arlington House se quedó vacía.

Un lugar de enterramiento

Miles murieron en la **Guerra Civil**. Los cementerios cercanos estaban llenos. El presidente Lincoln exigió un nuevo lugar de **enterramiento**.

Arlington se convirtió en cementerio **militar** en 1864. Allí se enterraron los soldados de la **Unión** y de la **Confederación**. Más tarde, otros soldados que habían muerto durante la **Guerra Revolucionaria** fueron trasladados a este cementerio.

Recuerdos en piedra

La mayoría de las tumbas en el Cementerio Nacional de Arlington está marcada con **lápidas** simples. Cada una de ellas muestra el nombre de la persona y las fechas en que nació y murió.

12

Algunos **monumentos** en el cementerio son piedras grandes. Muchos tienen dibujos y palabras. Estos **monumentos** nos sirven para recordar a las grandes personas y sucesos en la historia estadounidense.

El enterramiento

Los **veteranos** son enterrados en el Cementerio Nacional de Arlington con una **ceremonia militar**. Una bandera estadounidense cubre el **ataúd** cuando lo llevan hacia la tumba.

El **portaestandarte** dispara salvas para honrar al **veterano**. Un **corneta** toca a **silencio**. Se dobla la bandera y se entrega a un miembro de la familia.

La Tumba del Soldado Desconocido

La Tumba del Soldado Desconocido es uno de los **monumentos** más visitados en el Cementerio Nacional de Arlington. Aquí están enterrados los cuerpos de soldados estadounidenses de distintas guerras.

16

No se conocen los nombres de estos soldados.
Este monumento nos recuerda que murieron por
su país. Hay guardias que protegen la tumba día
y noche como símbolo de respeto y honor.

Monumentos de la Guerra Civil

En el cementerio hay muchos recordatorios de los que lucharon en la **Guerra Civil**. Este **monumento** honra a 2,111 soldados de la **Unión**.

Parte del Monumento a la **Confederación** muestra
a mujeres del Sur despidiéndose de los que iban a
la guerra. Las tumbas de soldados confederados
están cerca de este **monumento**.

Presidentes de EE. UU.

Dos **presidentes** de EE. UU. están enterrados en el Cementerio Nacional de Arlington. El presidente William Howard Taft fue enterrado aquí en 1930. El presidente John F. Kennedy fue enterrado allí en 1963.

Una "llama eterna" señala la tumba del presidente Kennedy. Este **monumento** siempre está encendido. Sirve para recordarle al país a un presidente que murió mientras ocupaba su cargo.

21

Recordar días tristes

El 5 de febrero de 1898 se hundió el acorazado *Maine*. El **Monumento** al *Maine* honra a los 264 hombres que murieron ese día. El **mástil** del barco es parte del monumento.

El Monumento al *Challenger* nos recuerda que el 28 de enero de 1986 explotó el transbordador espacial *Challenger*. Las siete personas que iban a bordo perdieron la vida ese día.

23

El Monumento del Anfiteatro

El **Monumento** del Anfiteatro está cerca del centro de Arlington. Es un gran edificio redondo sin techo. Hay filas de asientos frente a un escenario.

24

Cada año se celebran aquí **ceremonias** para el **Día de los Caídos** y el **Día de los Veteranos**. Mucha gente toma parte para honrar a los **veteranos** que dieron la vida en las guerras de los Estados Unidos. 25

Una visita al Cementerio Nacional de Arlington

El Cementerio Nacional de Arlington es más grande que 600 campos de fútbol americano. Cuando lo visites, haz una parada en la oficina del cementerio. Pide un mapa y direcciones para encontrar las tumbas y los **monumentos**.

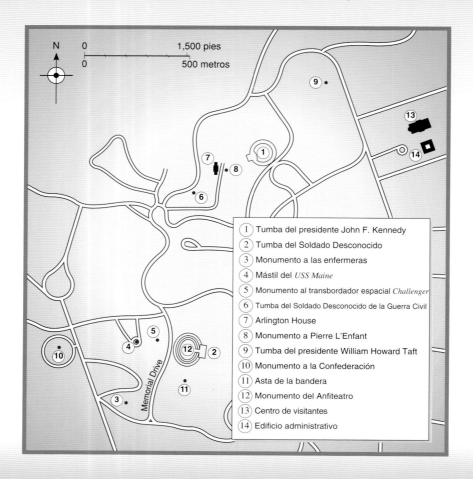

N	0	1,500 pies
	0	500 metros

1. Tumba del presidente John F. Kennedy
2. Tumba del Soldado Desconocido
3. Monumento a las enfermeras
4. Mástil del *USS Maine*
5. Monumento al transbordador espacial *Challenger*
6. Tumba del Soldado Desconocido de la Guerra Civil
7. Arlington House
8. Monumento a Pierre L'Enfant
9. Tumba del presidente William Howard Taft
10. Monumento a la Confederación
11. Asta de la bandera
12. Monumento del Anfiteatro
13. Centro de visitantes
14. Edificio administrativo

Todd H Reuben

Cecelia E (Lawson) Rich...

Edward V Rowenhors...

Judy Rowlett

Robert E Russell SGM US...

William R Ruth CW4 U...

Charles E Sabin Sr

Marjorie C Salamon...

John P Sammartino...

David M Scales COL U...

Robert A Schlegel CDR...

Janice M Scott

Michael... Selves LTC US...

...N H Serva...

...WER CDR U...

...M Sherma...

...D Simmons...

Rótulos e indicadores de secciones ayudarán a guiarte por el cementerio. Fíjate en las **lápidas**. Piensa en todos los valientes soldados que lucharon por la **libertad**.

Archivo de datos

El Cementerio Nacional de Arlington

★ La tumba más antigua pertenece a Mary Randolph, la madrina de la esposa del general Robert E. Lee. Fue enterrada en 1828, mucho antes de que Arlington se convirtiera en cementerio.

★ En 1864 tuvo lugar el primer **entierro militar** en el Cementerio Nacional de Arlington. Fue el del soldado William Christman.

★ John Lincoln Clem fue el soldado más joven de la **Guerra Civil**. ¡Tenía sólo 9 años! Su tumba está en el Cementerio Nacional de Arlington.

★ Todas las **lápidas** estándar del Cementerio Nacional de Arlington las paga y mantiene el gobierno de los Estados Unidos.

★ Durante el verano se corta el césped cada día en el Cementerio Nacional de Arlington. Esto le cuesta al cementerio $1.2 millones al año.

Línea cronológica

El Cementerio Nacional de Arlington

★ 1831–1861 El general Robert E. Lee y su esposa viven en Arlington House

★ 1861–1864 Los soldados de la **Unión** usan Arlington House como uno de sus cuarteles generales

★ 1864 Arlington se convierte en cementerio nacional

★ 1866 2,111 soldados desconocidos de la Guerra Civil son enterrados en Arlington

★ 1913 Se **inaugura** el **Monumento** al *Maine*

★ 1914 Se inaugura el Monumento a la **Confederación**

★ 1920 Se termina el Monumento del Anfiteatro

★ 1921 Se establece la Tumba del Soldado Desconocido

★ 1986 Se inaugura el Monumento al *Challenger*

Glosario

ataúd caja larga en la que se coloca a una persona antes de enterrarla

ceremonia un acontecimiento especial para señalar algo importante

Confederado que está relacionado con los Estados Confederados de América, un grupo de estados del Sur que luchó contra los soldados de la Unión en la Guerra Civil

corneta persona que toca un instrumento similar a la trompeta pero sin pistones; el sonido de una corneta a menudo manda señas a los soldados

Día de los Caídos día feriado que se celebra en los Estados Unidos el último lunes de mayo para honrar a los estadounidenses muertos en las guerras

Día de los Veteranos 11 de noviembre, día que honra a los hombres y las mujeres que sirvieron en las fuerzas armadas y lucharon en guerras por los Estados Unidos

enterramiento colocar un cadáver en la tierra

Guerra Civil guerra en EE. UU. entre 1861 y 1865, en la que los estados del Sur y los del Norte se enfrentaron

Guerra Revolucionaria guerra entre 1775 y 1783 en la que los Estados Unidos lucharon por liberarse del dominio británico

inaugurar hacer una ceremonia para abrir un nuevo puente, hospital o monumento

lápida señal que se pone en la cabecera de una tumba. Usualmente da el nombre y la fecha en que nació y murió la persona ahí enterrada.

libertad tener el derecho de hablar, comportarse o moverse como se quiera

mástil palo alto en la cubierta de un bote o barco que sostiene las velas

militar relacionado con soldados, fuerzas armadas o guerras

monumento estatua o edificio que se construye para ayudar a la gente a recordar una persona o un suceso

portaestandarte guardia de honor para los colores de una organización, como, por ejemplo, las fuerzas armadas

presidente persona elegida por el pueblo de una república para ser su líder

silencio melodía sencilla que toca usualmente un corneta en un entierro militar

Unión de o relacionado con los Estados Unidos, o los estados del Norte, durante la Guerra Civil

veterano alguien que ha servido en las fuerzas armadas

Otros libros para leer

Ribke, Simone T. *Washington, D.C. (Rookie Español)*. Children's Press, 2005.

Un lector mayor te puede ayudar con estos libros:

Ansary, Mir Tamin. *El Día de los Caídos*. Des Plains, Ill.: Heinemann Library 2003.

Brill, Marlene Targ. *El Día de los Veteranos*. Lerner Publishing Group, 2005.

Visitar el Cementerio Nacional de Arlington

El Cementerio Nacional de Arlington está abierto de 8:00 a.m. a 7:00 p.m. desde el 1 de abril al 30 de septiembre, y de 8:00 a.m. a 5:00 p.m. desde el 1 de octubre al 31 de marzo. Visitar el Cementerio Nacional de Arlington es gratis.

Puedes hacer la visita en autobús comprando una entrada en el Centro de Visitantes. Los autobuses funcionan todos los días excepto el día de Navidad (25 de diciembre) entre 8:30 a.m. y 6:30 p.m. desde abril a agosto, y de 9:30 a.m. a 4:30 p.m. desde septiembre a marzo.

Para pedir un folleto y un mapa del Cementerio Nacional de Arlington, escribe a esta dirección:

Arlington National Cemetery
Public Affairs Office
103 Third Ave.
Ft. McNair, D.C. 20319.

Índice